OPINION

DUN ÉLECTEUR

DU DEPARTEMENT DE LA SEINE,

ADRESSÉE A SES COLLÈGUES.

PARIS,

CHEZ
{ CHANSON, Imp.-Libraire, rue Montmartre, n° 113
{ DELAUNAY, Libraire, au Palais-Royal;
{ PÉLICIER, Libraire, 1ère Cour du Palais-Royal, n° 10.

1817.

OPINION

D'UN ÉLECTEUR

DU DÉPARTEMENT DE LA SEINE,

ADRESSÉE A SES COLLÈGUES.

Ne compromettons pas ce que nous avons gagné.

MES chers collègues, (quoique ce titre affectueux perde un peu de sa force, lorsqu'il se partage entre dix à douze mille personnes), depuis quelques jours nous sommes accablés d'exhortations, d'encouragemens, d'avis, donnés en grande partie, par des gens qui ne sont d'aucun collège électoral, et qui certainement ne gagneront pas, à nous conseiller, les cent écus que nous payons pour être électeurs. Tout le monde se mêle de faire notre éducation, et l'on ne s'aperçoit pas qu'elle est faite naturellement par notre position , et que les mêmes conditions de fortune et d'industrie qui nous ont valu l'honneur d'être désignés par la loi, suffisent pour nous inspirer ce qui convient le mieux à l'intérêt public. Beaucoup de publicistes et d'écrivains ne siégent pas parmi nous , et ils nous endoctrinent pour se dédommager de ce défaut de la loi. Mais par cela seul qu'ils ne sont pas électeurs, et que nous le sommes, peut-être sentons-nous ce que nous devons faire, beaucoup mieux qu'ils ne peuvent le deviner, notre politique vient de notre situation. Peu m'importe la politique de ceux qui sont placés dans d'autres intérêts que les nôtres, et qui n'ont pas les mêmes besoins et le même but.

Un homme, pour toute propriété et pour tout objet de commerce, ne possède que sa plume, qu'il vend tour à tour aux libraires et aux ministres. Que me font les conseils de cet homme?

Un homme s'est occupé dans les cent jours de demander un souverain étranger pour gouverner la France. Je n'ai pas fait la même chose; je ne suis pas allé en ambassade avec cet homme. Je n'ai donc nul motif pour penser comme lui, et je n'ai pas plus besoin de ses conseils que de son exemple.

Un homme a de l'ambition, de l'audace, la routine des révolutions, il ne voit dans un bouleversement que le texte d'un pamphlet. Plus il y a de troubles dans l'état, plus son industrie révolutionnaire est florissante ; nous n'avons pas le même intérêt : très-peu d'entre nous font des brochures, et personne ne fait de révolutions.

Un autre est embarassé par le rétablissement de la monarchie : il a des souvenirs pénibles ; il ne peut pardonner le mal qu'il a fait : sommes-nous obligés de partager les inquiétudes et les mécontentemens de cet homme ?

Cet autre avait 100,000 livres d'appointemens sous Buonaparte, et il est irrévocablement déclaré contre tout gouvernement qui ne lui assurera pas les mêmes avantages. A la bonne heure ; mais, comme nous ne partagions pas ses appointemens, nous ne sommes pas obligés de nous associer ¤sse regrets et à sa mauvaise humeur

Cet autre est actif, habile éloquent, avide de pouvoir et d'honneurs ; mais il a fait une énorme sottise, qui l'a écarté des emplois. De colère il se fait provisoirement ennemi, il se rendra tout juste aussi redoutable qu'il est nécessaire, pour que la crainte l'emporte sur toutes les répugnances, de manière que son opposition ne lui servira qu'à se vendre un peu plus tard et beaucoup plus cher. Le calcul est excellent. Mais cet homme fait son affaire et non pas la nôtre; il ne nous importe pas que tel ou tel devienne ministre ou conseiller-d'état; il nous importe que la Charte soit puissante et bien exécutée. Dans la dernière session, j'ai entendu des hommes qui n'invoquaient plus que la Charte, qui réclamaient toutes les libertés de la Charte : et ces hommes, malgré leur zèle apparent me donnèrent de l'inquiétude; j'aurais craint beaucoup s'ils avaient obtenu l'avantage : je vois par-là, qu'il faut tâcher que la Charte n'ait pas besoin d'être défendue par des hommes qui lui ressemblent si peu. Mais pour que ce parti, qui était si puissant en 1815 et si constitutionnel en 1816, ne reprenne pas toute sa puissance et ne renonce pas à la constitution, il faut avoir soin de ne pas justifier ses pressentimens, de ne pas donner prétexte à ses alarmes.

Il y a des gens qui disent que nous marchons trop lentement dans la carrière de la constitution, et qu'il faut aller plus vite et plus loin : je ne sais pas où ces gens-là veulent arriver pour leur compte ; mais pour le nôtre, je sais bien que nous avons acquis beaucoup de choses depuis deux ans ; je sais bien aussi que nous avons été préservé de beaucoup de choses. J'ai vu avec quelle violence on voulait détourner les concessions, les garanties de la sagesse royale, et je m'imagine qu'une lutte plus violente encore pourrait recommencer, si nous n'étions pas satisfaits de ces garanties, si nous voulions aller au-delà de ces concessions ; je ne suis pas assez libéral pour vouloir que les ultra-royalistes triomphent de nouveau. Pendant la discussion de la loi, qui nous appelle tous au collége électoral, je me souviens que les adversaires du projet faisaient sur nous les plus tristes prophéties : ils annonçaient le retour des idées et des hommes de la révolution. La la loi passa cependant parce qu'on ne croyait pas un mot de leurs prédictions : ne souffrons pas qu'elles se vérifient.

Les gouvernemens qui se reconstituent,

ont le droit d'être inquiets sur les attaques qu'ils éprouvent. Ne donnons pas de prétexte aux déclamations de l'esprit de parti et aux précautions d'une défiance qui se trouverait trop justifiée. Je veux que le gouvernement trouve de la contradiction ; mais je ne veux pas que sur le nom seul des députés qu'on lui envoye, il puisse se plaindre d'une véritable hostilité. Si je voyais dans la chambre dix républicains comme on en désigne, je craindrais tout-à-fait pour la durée du droit que je viens d'acquérir, car je suis bien sûr que la précaution irait plus vite que l'attaque ; et d'ailleurs je n'ai pas d'intérêt à la victoire des agresseurs. La loi des élections a consacré la puissance, des fortunes moyennes et des industries indépendantes. Quelle est la révolution qui nous donnerait d'avantage ? quelques personnes veulent nous faire avancer à grands pas vers la liberté ; mais si pendant qu'elles nous pousseront d'un côté on nous retire de l'autre, l'Etat pourra bien en souffrir, nous n'en irons pas plus vite : on nous dit à cela que la liberté triomphera toujours ; eh bien nous adoptons ces paroles, mais nous souhaitons qu'elle triomphe sans lutte violente, sans réaction nouvelle.

C'est parce que la Charte a des adversaires, que nous ne devons pas laisser paraître au grand jour les ennemis du trône, de peur que l'audace de ceux-ci ne vienne augmenter les inquiétudes des premiers; inquiétudes qui font leur plus grande force, et que partageraient tous les honnêtes gens, si elles commençaient à prendre la moindre vraisemblance.

Ceux qui veulent marcher à la liberté par une voie courte et violente et qui invoquent à l'appui de la Charte les noms de la révolution, et ceux des cent jours, sont injustes envers la Charte, ingrats envers son auteur, ignorent l'état de la France et s'abusent sur leur force. La France redoute surtout les convulsions politiques; elle frémirait de tout ce qui pourrait la menacer d'une crise dangereuse. Les hommes qui dans les deux chambres ont fortement maintenu l'esprit de la Charte, doivent leur ascendant à la conviction que la liberté n'est pas la révolution, n'est pas la démagogie des cent jours. Si la liberté essayait de se reproduire sous l'une ou l'autre de ses formes, ils la repousseraient et la méconnaîtraient, ils n'auraient plus de force pour la défendre. La Charte a, dit-on, beaucoup d'adversaires, mais ils ont perdu leur cause, et il n'y a qu'un seul argument qui puisse rendre la force à leurs attaques. C'est l'abus que nous laisserions faire des droits qui nous appartiennent. Qu'on leur oppose des hommes attachés au maintien des institutions actuelles, à l'inviolabilité des intérêts acquis, mais qui n'aient à craindre aucun soupçon d'arrière pensée, qui ne soient engagés dans aucun parti, qui ne se soient pas mis dans la nécessité apparente d'être malveillans. Ces hommes assureront sans peine le développement de la Charte ; ils seront forts parce qu'ils seront irrécusables. Mais trouve-t-on aisément des hommes qui donnent à la liberté toutes les garanties désirables et qui puissent en être les sincères et habiles défenseurs ? Je ne conçois pas, je l'avoue, les personnes qui nous prêchent la liberté, et qui pour trouver parmi nous quelques hommes dignes de la défendre, en reviennent toujours à la révolution et à l'époque des cent jours. Je n'inculpe pas les hommes qu'ils désignent, mais je me dis : ou les principes de ces hommes sont bons, ou ils sont mauvais ; s'ils sont mauvais, nous n'en voulons pas ; s'ils sont bous, nons nous garderons bien de les croire exclusivement réservés à quelques individus choisis dans deux époques seulement. S'ils sont bons, ils appartiennent à beaucoup de citoyens, et nous ne voyons pas pourquoi, à égalité de lumière et de capacité, le 20 mars deviendrait un titre de préférence.

Les résultats de l'ordonnance du 5 septembre, nous ont conduit à la loi des élections. La loi des élections doit amener de nouveaux bienfaits, de nouvelles garanties de liberté ; mais nous ne ferons pas repentir le Roi de sa confiance. Nous ne donnerons pas aux adversaires de la loi, le déplorable avantage d'avoir prédit plus juste que nous. Nous ne voudrons pas que les ultrà-royalistes commencent à avoir raison, lorsque nous leur avons tant de fois prouvé qu'ils avaient tort ; nous ne voudrons pas qu'ils puissent mettre une seule fois en doute cette haute sagesse qui a fait la plus grande force du parti national ; nous ne voudrons pas que cette autorité qu'ont perdue leurs prédictions tant de fois démenties, que cette exagération à laquelle ils devaient renoncer par impuissance, et bientôt par conviction, leur soit rendue, et devienne plus forte et plus spécieuse à la faveur d'une autre exagération que nous avons toujours également combattue, également redoutée; nous ne souffrirons pas même que ces deux exagérations viennent à se heurter et à s'irriter par leur mutuelle violence. Nous qui sommes le centre national, nous, qui appuyés sur le trône et sur la charte, gardons pour ainsi dire le cœur de l'État, c'est à nous d'en écarter les imprudences et les erreurs. Nous ne souffrirons pas que notre modération se trouve calomniée par les excès des uns et par les plaintes et les récriminations des autres.

Nous aimons le Roi. Nous ne permettrons pas qu'il soit porté atteinte à son grand et auguste caractère, et qu'il paraisse s'être trompé aux yeux de ses amis, au profit de ses ennemis. Nous avons besoin du Roi, de la sagesse, de la confiance, de la bonté du Roi. Nous ne permettrons pas que sa bonté ait le droit de s'éloigner de nous, et qu'il puisse croire lui-même au trop grand excès de sa confiance.

Nous avons besoin d'union. Nous ne voudrons pas que de nouvelles factions s'élèvent, s'exaspèrent, se compliquent l'une dans l'autre. Nous avons besoin de la liberté. Nous ne rendrons pas de nouveaux prétextes à ceux qni l'ont attaquée avec tant de force, et qui commençaient à se lasser de leurs efforts. Nous n'affaiblirons pas le courage et la voix de ses vrais défenseurs; nous ne décréditerons pas leurs iutentions, en les exposant à recevoir des secours indignes d'eux et peut-être perfides. Nous leur épargnerons le danger des divisions et l'affront des alliances. Nous voulons la liberté; nous voulons toutes les institutions d'un peuple libre : nous ne les confierons pas à des mains incertaines ou suspectes. La liberté trouve assez d'obstacles par elle - même. Nous tâcherons qu'on ne puisse pas lui objecter encore les torts ou les projets de ses défenseurs. Nous ne nous exposerons pas surtout, ce qui serait le plus grand des malheurs, à rétrograder dans la carrière de la liberté, par le vœu même de tous les gens de bien, qui préféreraient encore le sacrifice des droits que nons avons acquis au danger d'une révolution nouvelle.

Enfin nous existons, comme électeurs, par la loi qui nous réunit en ce moment : nous repousserons comme royalistes tous les choix qui nous obligeraient de faire bientôt des vœux contre cette loi. Nous craindrons, comme amis de la liberté, tout ce qui pourrait fournir des armes contre un droit si précieux ; car le dernier argument pour ou contre notre existence va sortir de cette première épreuve.

Ces vérités, je l'espère, sont généralement senties, et il paraît surtout inutile d'en faire des applications individuelles. Cependant, mes chers collègues, comme nous recevons de toutes parts des listes de candidats, je me suis avisé de faire la mienne, ou plutôt de la prendre toute faite dans l'opinion d'une foule d'hommes éclairés qui veulent, comme nous, la royauté légitime et la liberté.

Voici cette liste, qui en vaut bien une autre :

M. le baron *Pasquier*, garde-des-sceaux : parce qu'il a montré beaucoup de talent et de facilité dans les discussions de la chambre ; par ce que je ne vois pas d'inconvénient à marquer, parce choix, que nous approuvons, le choix du Roi, et enfin parce qu'il vaut autant élire un ministre que de nommer quelqu'un qui voudrait le devenir.

M. *Bellart* : parce qu'il a fait un acte de courage et d'éloquence à jamais mémorable, dont l'honneur reste à la ville de Paris.

M. *Roy* : parce qu'il a béaucoup de lumières et d'indépendance, et qu'il a concouru puissamment à faire diminuer dix millions du budjet de la guerre.

M. *Try* : parce qu'il est magistrat distingué et inamovible, et qu'il a voté pour la loi des élections.

M. *Delaître* : parce qu'il est très-éclairé, qu'il aime le Roi autant que la charte, et qu'il a voté pour la loi des élections.

M. *Allent* : au nom de la garde nationale de Paris; parce qu'il est militaire et homme d'Etat, et que la noble fermeté de son caractère lui donne plus d'indépendance qu'aucun homme destitué n'en aura jamais.

M. *Bonnet* : parce qu'il a beaucoup d'esprit; parce qu'il est distingué dans l'ordre si estimable des avocats; parce que durant la tyrannie il a toujours entrepris les plaidoieries courageuses, et que le courage, sous le despotisme, est la garantie d'une sage indépendance sous la monarchie constitu-tionnelle.

M. *Barthelemy* : parce qu'il est très-honnête homme, très-riche et très-considéré.

M. *Renjamin-Delessert* : parce qu'il est protestant, et que les protestans doivent avoir un député ; qu'il est bienfaisant, quoiqu'il soit riche, et estimé de tout le monde, quoiqu'il ne fasse sa cour à personne.

FIN.

DE L'IMPRIMERIE DE J.-L. CHANSON,
RUE MONTMARTRE, N° 113.